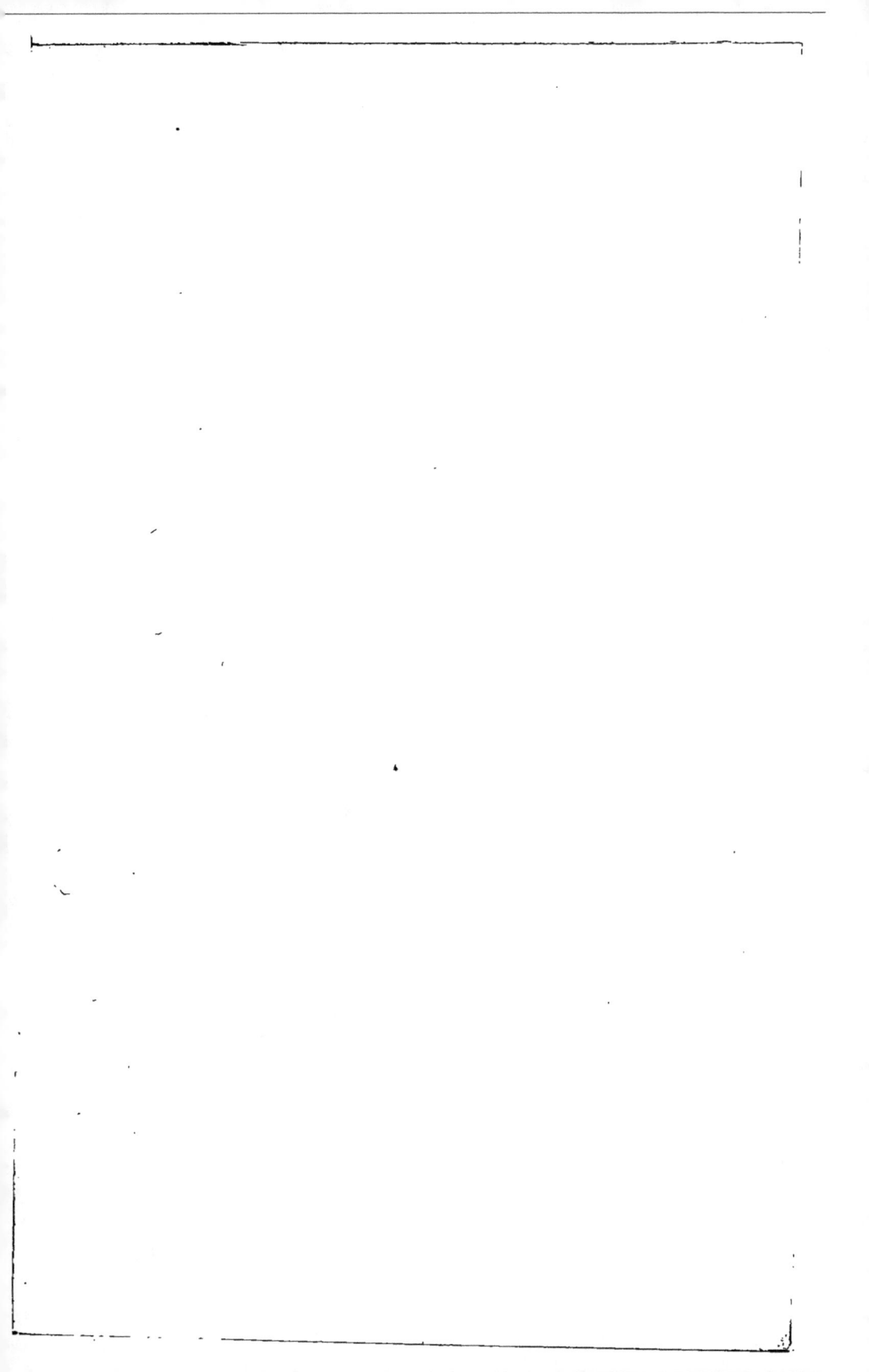

✝

NOTICE BIOGRAPHIQUE

M. J.-M.-D. BERTRAND

FONDATEUR

DE

L'ÉCOLE CHRÉTIENNE

À

Villeneuve-sur-Yonne

NOTICE BIOGRAPHIQUE

MONSIEUR JULES MARIE DOMINIQUE BERTRAND

Fondateur de l'Ecole chrétienne de Villeneuve-sur-Yonne

AUXERRE. — IMPRIMERIE CHAMBON.

†

NOTICE BIOGRAPHIQUE

M. JULES MARIE DOMINIQUE BERTRAND

FONDATEUR

DE

L'ÉCOLE CHRÉTIENNE

A

Villeneuve-sur-Yonne

ERRATA

A la page 2 : J'aurai, au lieu de j'aurais.
A la page 23 : Pût-il mettre à profit, au lieu de sut-il.
A la page 29 : Portait, au lieu de portrait.
A la page 41 : Dispositions, au lieu de disposition.

AVANT-PROPOS

Le vendredi 24 octobre 1884, je visitais la nouvelle maison d'école, ouverte et tenue par les Frères de la Doctrine chrétienne, à Villeneuve-sur-Yonne.

Après m'avoir reçu, le directeur lui-même tint à m'accompagner dans les diverses pièces.

Je remarquai, en passant, que le parloir possédait la photographie de M. Bertrand, telle qu'elle fut prise sur son lit de mort, et distribuée par sa famille ; c'est-à-dire dans un petit cadre noir à fond blanc, ceinte d'une ligne de carton doré, et enrichie d'une boucle de son abondante chevelure !

Tout en me disant que c'était là un don gracieux de Madame Frécaut, et en s'en félicitant, le cher Frère porta mon attention sur un autre portrait où M. Bertrand est représenté dans un âge beaucoup plus jeune, et me demanda s'il reproduisait exactement les traits de leur fondateur bien-aimé. Et voici, sinon le texte précis, du moins, le sens des paroles qu'il ajouta : « Nous avons un regret, « notre supérieur général l'exprimait naguère « encore, c'est qu'il n'existe point une gra- « vure de M. Bertrand adolescent, déjà jeune « homme, en un mot tout à fait lui-même, « alors qu'il était assis au banquet de la vie, « avec les apparences de la santé et de la « force. »

Dire ce qu'éveilla dans mon cœur ce besoin affectueux d'un étranger qui ne connut point M. Bertrand, est ici inutile : je dois, pour exposer le motif qui me fait prendre la plume, me borner à communiquer au lecteur la pensée qui me vint aussitôt.

J'aurai voulu être peintre, et pouvoir tracer immédiatement cette grande et sculpturale physionomie, que j'ai eu le bonheur de contempler si souvent, et dont chaque détail est pieusement gravé dans ma mémoire et dans mes yeux. Oh ! oui, que ne m'est-il donné de l'imprimer ici avec l'éclat et le charme de la jeunesse, quoique sous le voile assombrissant d'une nature mélancolique ; avec ses traits réguliers et fins, son front découvert, son œil noir et étincelant, ce je ne sais quoi de fier et de simple, d'élégant et de digne en même temps que modeste, qui, dans toute sa personne, n'était que la fragile enveloppe d'une âme toujours prête à déborder, ou à s'envoler bientôt !.....

Mais le pinceau se refuserait à obéir à ma main inhabile. Si du moins je pouvais crayonner une humble esquisse littéraire de ce que la postérité des enfants de Villeneuve a désormais le droit de réclamer, plus encore peut-être que leurs éducateurs nouveaux-venus, et déjà si universellement appréciés.

Cette idée s'est emparée de mon esprit, et je ne crois pas devoir lui résister.

Aussi bien, qu'elle n'est pas l'amertume du retour que ces sentiments me font reporter sur moi-même ! Il m'eût été si facile de composer une vie, la plus ressemblante, la plus à la portée de tous, de M. Bertrand avec ses seules lettres, si je les eusse conservées ! S'il est vrai que le style soit l'homme, c'est dans son style imaginé et original, dans ces pages admirables de sensibilité exquise, de tendresse exhubérante, qu'il eût fait beau voir le jeune Bertrand !

Mais inconscient, ou, pour parler plus juste, trop peu avare du trésor qui me fut prodigué plusieurs fois le mois, durant six années, de la quatorzième jusqu'à la vingtième, j'en ai vécu de la vie du cœur sans songer à prévoir, et à rien mettre de côté.

Au souvenir de cette négligence, mes yeux se mouillent moins encore des larmes de l'affection qui demande pardon, que du deuil impuissant à rien raviver de tout ce que j'ai laissé se détruire. Ce n'est pas assez d'avoir aimé, ni d'avoir été aimé, il faut, de plus, à n'importe quelle époque de l'existence, avoir voulu ressusciter ce qui n'est plus, pour comprendre ce que j'éprouve en ce moment.

Mais il ne peut s'agir ici de doléances inefficaces : je n'ai qu'à procurer une satisfaction légitime à l'Institut des Frères et un récit utile aux générations d'enfants qu'ils sont appelés à élever à Villeneuve.

Ne pouvant offrir aux uns et aux autres ce qui me manque, j'essairai de leur donner au moins quelque chose de ce qui me reste. Car, si le foyer de son ascendance maternelle eût uniquement les premières années de M. Bertrand, et si d'autres eurent sa mort, ce n'est point rétroactive jactance, tous le savent, de rappeler que, limites gardées des rapports et

des choses de notre âge, j'eus presque exclu-
sivement la confiance et l'intimité de sa vie
véritable.

A. Gény.

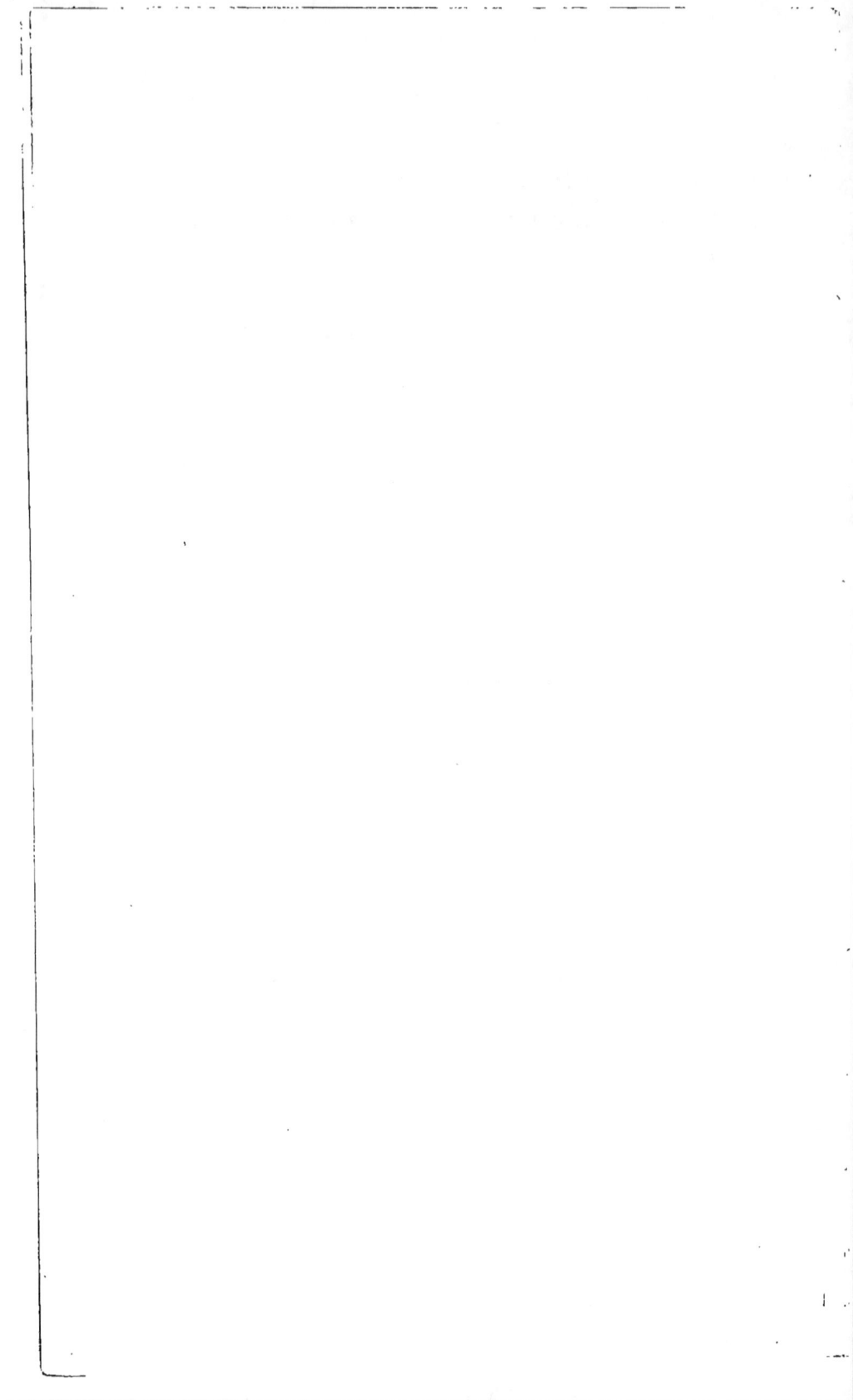

CHAPITRE I.

ORIGINE DE M. BERTRAND

Il serait oiseux, dès le début, d'arrêter le lecteur à lui expliquer au sein de quelle famille vécut et mourut le généreux fondateur de l'Ecole chrétienne. Il suffit d'avoir passé quelques jours à Villeneuve, et d'y traverser les rangs les plus honorables de la société, pour apprendre à quel milieu favorisé appartint M. Bertrand.

Cependant, même dans une simple notice, il importe de ne rien omettre; et le dernier des écrivains ne doit jamais céder au faux sentiment de modération qu'une humilité exagérée est tentée d'écouter, au grand dommage souvent de l'intérêt et de l'indispensable instruction du public. C'est à tort, chez certains, de croire que tout le monde sait ou devine ce qu'eux-mêmes conçoivent parfaitement.

Si donc il n'est point nécessaire de désigner davantage la famille Sauvegrain, c'est une obligation de dire de qui M. Bertrand reçut le nom qui s'éteignit avec lui selon la chair, mais se perpétuera dans la prière et la gratitude des âmes.

Les aïeux paternels de M. Bertrand habitaient à l'extrémité du quartier haut de la ville, non loin de la porte Notre-Dame. Celui qui devait lui donner le jour fut mis, à son baptême, sous le vocable exprès de Marie, et avec cette appellation de choix, porta pendant toute sa plus tendre jeunesse les livrées blanches et bleues de l'Immaculée Reine du ciel. Il montra, tout d'abord, une intelligence si précoce, qu'on n'hésita point à le préparer à des classes complètes.

Ce fut au petit Séminaire d'Auxerre, célèbre entre tous les collèges par le niveau élevé de ses études, dans cette maison si chère à toute la génération sacerdotale actuelle du diocèse, à l'abri de ces murs religieux, récemment enlevés à leur légitime possesseur par un décret arbitraire déclaré invalide, même en Conseil d'Etat, que le jeune homme fut envoyé de préférence.

Ayant à parler seulement du fils auquel avec son sang il devait léguer les plus brillantes facultés, nous n'avons point, ici, à suivre toute cette première vie, ni à en noter tous les succès. Beaucoup, parmi les hommes marquants de notre région s'en souviennent encore; et le témoignage de feu M. l'abbé Millon, vicaire-général, qui s'y connaissait, restera comme une sentence d'histoire : « L'élève le « plus fort qui soit passé dans la Maison, ré- « pétait-il, c'est M. Bertrand ! » Ces propres paroles tombèrent une fois entr'autres des lèvres du grave supérieur, un jour que, traversant la grande cour de récréation, il avait daigné s'arrêter au milieu d'un groupe d'élèves toujours avides d'entendre ses discours si profondément accentués et éloquents. L'auteur de ces pages avait la bonne fortune d'être du nombre des auditeurs ; il ne saurait traduire l'émotion de vive joie et de fierté produite en lui par cette gloire posthume d'un homme qui avait été, plus qu'un compatriote, plus qu'un ancien petit voisin de famille, le Père de son ami !

Ce que le lauréat du petit Séminaire d'Auxerre fut par suite, comme étudiant en médecine à Paris, il serait difficile d'en témoigner en détail. Mais il est évident pour tous qu'il ne subit pas l'influence délétère de la rue des Ecoles Sorboniennes. Revenu dans son pays natal pour s'y établir, il y exerça les prémices d'une profession difficultueuse avec toute sa foi conservée, toute sa piété, toute sa vertu. L'ayant vu acquérir une prompte réputation d'habileté, et contracter vite un brillant et digne mariage, on ne sut qu'admirer davantage du dévouement modeste du jeune docteur, ou de sa ferveur chrétienne désormais doublée. Il avait épousé Mademoiselle Blaiseau.

Plusieurs encore aiment à redire l'édifiant spectacle qu'offrait l'aimable couple se rendant régulièrement, même aux messes basses de la semaine. Et certains montrent volontiers la place des deux prie-Dieu où venaient s'agenouiller, avant et après la communion eucharistique, comme deux anges jumeaux, Monsieur et Madame Bertrand !

C'est de cette union exemplaire, et dans la maison formant l'angle gauche, à l'entrée de la rue Valprofonde, dans celle des Petits-Merciers, que naquit, le 10 avril 1852, JULES-MARIE-DOMINIQUE BERTRAND.

CHAPITRE II.

SON ENFANCE

La divine Providence souriant, ce semble, à la venue du jeune Bertrand en ce monde, eut dû la bénir dans le sens même que les hommes ont coutume d'attacher à ce mot. Hélas ! que la terre ne soit pas digne de conserver certaines richesses, ou que le ciel les envie ardemment, trop souvent il faut constater que nos prévisions ne sont pas toujours conformes aux desseins de Dieu.

Le docteur Bertrand, quoique robuste en apparence, portait le germe héréditaire d'une terrible maladie qui, sautant parfois une génération, ne laisse de répit à ses victimes que pour les multiplier.

La jeune femme était également d'une constitution chétive et délicate.

On raconte qu'au moment si pieusement souhaité, où fut présenté à la vie le fruit de leur tendresse modèle, l'heureux père, en l'élevant dans ses bras pour la première étreinte, ne put oublier qu'il était médecin, et qu'après l'avoir baisé, en le remettant aux siens il ne put retenir cette douloureuse exclamation : « Notre enfant aura peine à voir vingt ans ! »

Jules ne dit jamais plus tard à quelle indiscrétion gravement coupable, il dut d'être instruit, dès les premières lueurs de son intelligence, de ce désespoir paternel !

Ainsi, cependant, l'enfant vivrait assez pour conduire le deuil de tous ceux qui, dès lors, commençaient de pleurer sur lui.

Bientôt, en effet, la pauvre jeune épouse, mère pour la seconde fois, s'éteignait avant d'avoir vu ses vingt-trois printemps, en donnant le jour à une fille qui ne lui survécut point ! Et l'infortuné père, frappé dans son cœur de vingt-huit ans, par ce coup subit que le besoin actuel de sa compagne lui avait donné l'illusion de ne point prévoir, en proie tout entier à l'immense douleur du présent, livré seul aux inévitables angoisses de l'avenir, ne tarda pas à suivre, dans un monde meilleur, celle dont il n'avait eu que le temps de recevoir, d'effleurer la main dans la vallée des larmes.

Le jeune *Jules-Marie-Dominique* BERTRAND resta donc orphelin, sans autre soutien, pour former son éducation, pourvoir à son instruction, s'assurer un avenir, quelque précaire qu'il dût être, que son aïeule maternelle !

Tous ceux qui vivent encore, et qui en ont été témoins, peuvent dire quelle sollicitude passionnée déploya Madame veuve Blaiseau à l'égard du précieux dépôt qui lui incombait. Il n'y eut, pour elle, aucun repos. On eût dit qu'elle voulait épuiser ses forces, sa santé, hâter la fin de sa vie pour en donner, en obtenir, en ajouter à celui qui était devenu, après la perte de son mari et de sa fille chérie, comme son tout. Elle n'a, certes, rien exagéré, la main qui grava sur son marbre funéraire l'épitaphe suivante :

« Sa vie fut un partage de larmes à ceux « qu'elle avait perdus, et d'affection à l'enfant « qui lui restait. »

Elle ne pouvait s'en passer ! Il eût fallu que l'enfant fût avec les maîtres qu'elle était obligée de lui donner, et en même temps, toujours avec elle. Dans ce but, pour le tenir plus constamment sous son regard et comme

sans cesse pressé sur son sein, elle attirait
dans sa demeure, à toutes sortes de jeux, les
autres enfants des meilleures familles voi-
sines. Plusieurs d'entre eux fréquentaient déjà
le modeste pensionnat de M. Plain. Jules Bertrand, vers l'âge de trois ans, revêtu d'un
petit tablier bleu, et portant une large colle-
rette blanche, y fut comme entrainé ; mais il
n'y fit qu'une apparition.

Plus tard, on l'envoya à Auxerre, à l'insti-
tution Breuillard, chez ce vaillant chrétien
dont le succès n'a pas toujours récompensé
les généreux efforts.

L'air de cette partie du département était
trop vif pour la faible complexion du nouvel
interne, on le mit à Sens.

Trop éloignée encore était la distance pour
les soins exigés qu'on voulait lui assurer à
tout prix. Déjà il avait fait sa première communion, atteint sa treizième année, et suivait
le cours de cinquième. On résolut de le garder
à Villeneuve et de lui faire continuer ses
études avec tous les ménagements qu'impo-
sait une croissance virile extérieure à laquelle
ne répondait pas le fond du tempérament.

Tous purent, dès lors, connaître davantage
M. Bertrand, et commencer d'admirer la
marche ascensionnelle de son esprit et de son
cœur.

CHAPITRE III

SES HUMANITÉS

C'était à l'époque où la belle paroisse de Villeneuve avait le bonheur de posséder, en qualité de curé-doyen, M. l'abbé Choudey, alors dans la force de la vie active, et doué de cet admirable talent de parole, de cette rare distinction qui caractérisent, encore aujourd'hui, le chanoine-archiprêtre de l'église métropolitaine et primatiale de Sens. Il avait, pour premier auxiliaire, un jeune prêtre sérieux et digne, M. l'abbé Chauvin, curé actuel de l'importante paroisse d'Etais.

Le zélé et charitable vicaire avait su conquérir les sympathies des parents désireux de confier leurs enfants à un dévouement éprouvé : force lui était parfois d'en accepter plus que son ministère occupé et laborieux le permettait. Le cabinet attenant à sa chambre était une véritable salle d'étude.

Que de fois M. Bertrand en franchit le seuil, mais aussi avant de l'aborder que de délicieux ébats il aimait à prendre.

Conformément à son jovial et familier « *possumus forgeare verbos* », les entretiens se faisaient, autant que possible, en idiôme latin : de même qu'il fallait se livrer à sa lutte favorite : la course.

Pour prolonger ce double plaisir, plus encore que pour donner au maître commun le temps de rentrer de l'autel chez lui, M. Bertrand voulait parcourir, en tous sens, ces magnifiques promenades où Chateaubriant, l'hôte du moraliste Joubert, illustration de Villeneuve au commencement de ce siècle, vint méditer *Les Martyrs !*

Cependant, M. Bertrand eut toujours à cœur d'être ponctuel, et il ne déguisait pas sa répugnance pour ces retards volontaires auxquels s'abandonnaient quelques-uns de ses condisciples d'alors, et qui lui valaient, à l'heure du déjeuner, ce qu'il appelait, sans façon, « la corvée ». Nul ne sera choqué du réveil de ces moindres souvenirs : tous ont déjà trop vieilli pour ne pas sourire volontiers des incartades d'un passé qui fuit. Le pain sec, mérité parfois, est digéré depuis longtemps ; et l'évocation de Jules Bertrand, le préfet de discipline en l'absence du Maître, l'exécuteur clément de ses hautes œuvres, ne peut susciter qu'un attendri respect.

S'il n'était pas l'aîné de tous, M. Bertrand était en tout le plus développé. De plusieurs cours en avance sur la plupart, son caractère droit, égal et simple en faisait un aide naturel et précieux à qui savait en user. Pour plus d'un il fut, en maintes circonstances, mieux qu'un aimable surveillant, un répétiteur sagace.

Mais pendant que celui-ci allait suivre les cours du Lycée, que celui-là entrait au petit Séminaire, Jules, lui, continuait ses humanités sans plus changer de direction. Ce serait un lieu commun de s'arrêter à signaler son application habituelle : son maître ne pourrait dire s'il eut jamais lieu de lui adresser un seul reproche. On assistait plutôt à ses études qu'on ne les lui faisait faire. Il avait mieux la mémoire des idées que des mots : il apprenait, néanmoins, tout ce qu'on exigeait de lui. Jamais ne fut mieux cultivé et possédé par personne le *Jardin des Racines grecques* du bon Lancelot. C'était plaisir à les lui entendre

réciter de sa voix un peu nasale et naturellement éclatante.

On voyait se développer en lui singulière-
ment le sens du beau, du grand, du subtil ;
aucune traduction n'apportait d'embarras à
son esprit. Ce que d'ailleurs il ne concevait
pas immédiatement, l'opiniâtreté de la réfle-
xion en avait vite raison. Avec un besoin
avide de trouver les solutions les plus ardues,
avec un esprit ouvert aux énigmes récréatives
comme aux problêmes mathématiques, il avait
un goût particulièrement marqué pour la
science de l'histoire ; à la finesse d'un rare dis-
cernement, il joignait le génie des comparai-
sons. En un mot, moins la santé, M. Bertrand
avait tout pour lui. Poète à ses moments, ora-
teur sans s'en douter à l'occasion, il était surtout philosophe dans la plus haute significa-
tion du terme. Il n'y aurait point de témérité
à répéter que ce fut un véritable malheur
pour ses contemporains, pour toutes les
grandes et belles causes, que M. Bertrand n'ait
pu achever et couronner des études qu'à
l'âge de dix-sept ans, force lui fut de cesser.

CHAPITRE IV

SA VIE CIVILE

Si d'ordinaire les âmes d'élite terminent leur carrière avant les autres, elles y entrent aussi plus tôt.

Entraîné par le courant de ses épreuves, peut-être sans exemple, M. Bertrand devait en poursuivre la marche avec une vitesse accélérée.

Pendant qu'il avait grandi et continué ses études à Villeneuve même, il avait dû accepter une nouvelle croix, pour lui la plus cruelle de toutes, et aller la planter sur la tombe de cette aïeule vénérée qui, à elle seule, reflétait les traits de tous ses chers morts. Indicible fut la douleur de l'adolescent que cette catastrophe, encore prématurée, rendait deux fois orphelin. La vue de ce cercueil, lui ravissant sa dernière affection, produisit en tout son être une étrange commotion, et influa certainement sur toute la conduite du reste de sa vie. Il fallut l'arracher de la chambre où le trépas venait de trancher impitoyablement l'unique fil le rattachant à la tige natale, et veiller à ce qu'il ne s'oubliât pas, agenouillé au cimetière, et pleurant plus que jamais sur le sort qui lui était fait.

En même temps s'étaient affirmés, de plus en plus, les principes de son mal secret.

Ses désintéressés tuteurs, et lui-même, tout en éloignant les dangers d'aggravation, ne virent pas d'autre moyen de pallier le trop clair diagnostic, que d'ouvrir le champ à son activité instinctive et dévorante.

Bien qu'il ne fut point encore majeur, on lui laissa, avec la jouissance de ses revenus, la libre gérance de sa fortune. Nul, d'ailleurs, ne fut jamais plus digne ni plus capable d'émancipation.

Il traitait directement avec ses fermiers, et à part la dévouée et inappréciable tante qui avait eu à cœur d'accourir pour remplacer les mères défuntes, sauf l'oncle vénéré qui fut toujours son conseil et son appui, personne n'était initié à ses affaires, ni instruit de ses petites difficultés d'intérêt, s'il en rencontra.

Il était d'une maturité si incontestable, que les membres de sa famille eux-mêmes, adonnés à la plus importante industrie de la ville, n'hésitèrent pas à lui offrir une part de leurs occupations, de leurs démarches et de leurs contrôles. M. Bertrand allait, venait, courait. Tantôt à pied, tantôt en voiture, il était partout où on lui démontrait la moindre utilité de se transporter ; plus alerte, plus expéditf, plus intelligent encore, s'il eût été possible, pour le compte d'autrui que pour le sien.

Mais le soin de ses biens temporels, et sa vigilance sur ceux des autres, ne pouvaient absorber toutes ses ressources intellectuelles et morales. De plus, son état de langueur croissante, réelle quoique insensible, ne lui permettait pas un repos oisif au sein duquel la rêverie eut été funeste.

Si on ne réussissait pas toujours à l'enlever aux pensers attristants, il témoignait une égale reconnaissance à la bonne volonté qui se prêtait à ses distractions ! Et parfois néanmoins qu'ils étaient gais et entrainants ces duos intimes, allègres ces promenades champêtres, joyeuses ces parties de dames ou d'échecs auxquelles il se complaisait, fraternelles enfin les agapes préparées par l'excellente tante Briard, quand la plus reposante des récréations avait séduit quelques poissons blancs de l'Yonne !

Jules mettait sagement à profit chaque saison, pour rompre la monotonie de sa vie sédentaire.

Il n'aimait pas les voyages comme cela entre de plus en plus dans les mœurs des gens de sa condition ; il n'en fit jamais de quelque importance ! Le seul qu'il entreprit fut celui de Fontenay-lès-Vézelay où avait été placé M. l'abbé Chauvin. La quinzaine qu'il y consacrait passait vite pour lui, tant à cause de la satisfaction qu'il y goûtait en croyant par cette visite accomplir un devoir, que par l'accueil empressé dont il était l'objet. On comprend que, dans ces réunions qui alors étaient fréquentées par les confrères des deux frontières diocésaines de Sens et de Nevers, son hôte fut heureux et fier de le produire ! Nous savons un curé de la Nièvre, en particulier, qui garde une sorte de culte à la mémoire de celui que l'on connaissait mieux sous le nom de M. Jules.

C'est au retour d'une de ces pérégrinations à travers les sites pittoresques de l'Avallonnais, à l'automne de l'année malheureuse de nos revers publics, et au milieu de la panique générale que M. Bertrand fut arrêté par la

garde nationale de Vermenton! Peut-être que
la mairie de cette localité n'a pas enregistré,
dans ses fastes communales, ce glorieux fait
d'arme de la milice citoyenne ; mais l'à-pro-
pos dont M. Bertrand fit preuve en ce malen-
contreux retard menaçant de lui faire manquer le train à la gare de Cravant, mérite
d'être rapporté.

« — Il est indiscutable, déclara-t-il au chef
du poste, que j'ai toutes les apparences d'un
prussien ; on m'a toujours assuré que j'avais
le type allemand! mais je demande à parler à
M. le curé Jourde. » — L'épicier galonné,
auquel on avait l'honneur d'avoir affaire, parut
un instant soupçonner la trop frappante iro-
nie. Cependant, soit qu'il voulut se piquer de
courtoisie chevaleresque et française, soit
qu'il crut être, d'après les derniers mots, sur
la piste d'un espionnage favorisé par le cléri-
calisme, il sortit immédiatement pour se rendre au presbytère. Dans sa précipitation à
pourvoir au salut de la cité, il oublia de préci-
ser ses instructions au sujet des prisonniers
d'aventure. Aussi Jules pût-il mettre à profit
l'indécision des fusillers qui ne savaient pas
au juste ce qui s'était passé entre leur supérieur et lui. Un esprit vulgaire eut pu attendre
le plaisir de faire constater l'identité du fils
du docteur Bertrand par M. le Doyen, ancien-

nement vicaire à Villeneuve, et prêtre d'un talent et d'un zèle aujourd'hui encore en renom. Jules trouva plus piquant d'inviter ses suivants à remonter en voiture, et au nez de la sentinelle à baïonnette intelligente, il donna l'ordre au cocher d'aiguillonner son cheval comme pour un prix de steeple-chase.

Beaucoup d'autres traits pourraient être cités à l'appui de la même énergie adroite et spirituelle ; mais dans le court espace que renferme cette brochure, il convient de faire ressortir également tous les divers côtés de celui qui en subit désormais la pose indifférente. Qu'on se souvienne de tout, ou qu'on oublie, M. Bertrand conservera au sein de son repos d'outre-tombe, la même intégrité de récompense personnelle. Ses survivants sont plus susceptibles : s'ils acceptent de ne point parcourir de longs développements, ils exigent au moins le thème essentiel.

Intrépide comme l'audace personnifiée, lorsqu'il le croyait bon, M. Bertrand était l'abandon et la candeur même dans son intérieur. A Dieu ne déplaise que nous ne revenions sur tout ce que son cœur, exceptionnellement tendre, lui dictait à l'adresse de l'amitié ; silence aussi sur ces rimes improvisées dans les accidents les plus divers, de même qu'aux fêtes de l'affection ! Mais ce serait tenir voilée une des faces de son attrayante figure, que de taire la simplicité ingénue avec laquelle il dépeignait presque conscieusement dans une de ses lettres les plus étendues sa fidèle *Finette*, magnifique chatte d'Angora « au long poil blanc-jaune, tachetée de noir ! » Il aimait à la caresser avec une sorte de ponctualité, gardée en cela comme en tout ce qu'il faisait, parce que, sans aucun doute, elle contribuait à glisser quelque charme dans ses heures de solitude.

Comme aussi il excellait à décrire l'aspect et tous les détails des plus insignifiantes particularités !

Le côté ridicule des individus sans valeur et leurs petites agitations avaient spécialement le don de le mettre en verve. Il faudrait pouvoir relire son compte-rendu de l'inauguration de la colonne dressée à la sortie du faubourg Saint-Nicolas ! La municipalité ne faisait que reconnaître une dette de piété patriotique envers les malheureux habitants de Villecien fusillés à cet endroit à l'époque de l'invasion. Mais comme on se passa du clergé et de l'eau bénite, jamais cérémonie aussi triste en soi n'éveilla plus de contrastes dans les esprits ; et rien n'était plus désopilant que la narration de Jules sur les faits et gestes de l'intéressant commissaire d'alors.

Entre temps, qu'on se garde de le croire, M. Bertrand ne perdait rien de sa gravité innée. S'il eut volontiers flagellé les travers de l'humaine folie, c'eût été en vertu de l'adage attestant l'amour chez celui qui corrige. Il n'aurait pas repris pour le seul plaisir d'être malin ! Et, malgré sa prodigieuse facilité à mettre en relief tout ce qu'il touchait, il ne perdait aucun mérite. Il avait soin, au reste, de se former aux meilleures écoles, et savait trouver des leçons pour lui-même partout.

Avant de se fixer, il était tenace à vouloir juger par lui-même. Il prenait des abonnements successifs aux grands journaux de Paris, qui lui fournissaient des sujets de profondes discussions et de saines critiques.

Sa lecture favorite était, parmi les écrivains modernes, Louis Veuillot. Il se surprenait à faire ressortir encore les saillies inimitables de cet esprit unique, ses traits de supérieure éloquence. Quelles refléxions judicieuses, mêlées aux plus fines railleries sont éparpillées le long des sentiers gazonnées de la garenne Saint-Martin, où Jules aimait à entraîner l'amitié. Oh ! si on l'eût entendu faire le procès des hommes du Quatre-Septembre, des libéraux en religion comme en politique, de tous ceux surtout qui déjà s'essayaient à attaquer l'âme de l'enfant ! Celui qui en fut le

témoin n'a pas oublié, n'oubliera jamais, l'in-
cident qui faillit se produire contre M. Bertrand à la suite d'une de ses réparties, en
entendant discourir un de nos députés à tel
concours régional d'agriculture. M. Bertrand
n'admettait pas qu'on put laisser au mal la
liberté de ses arrogantes affirmations.

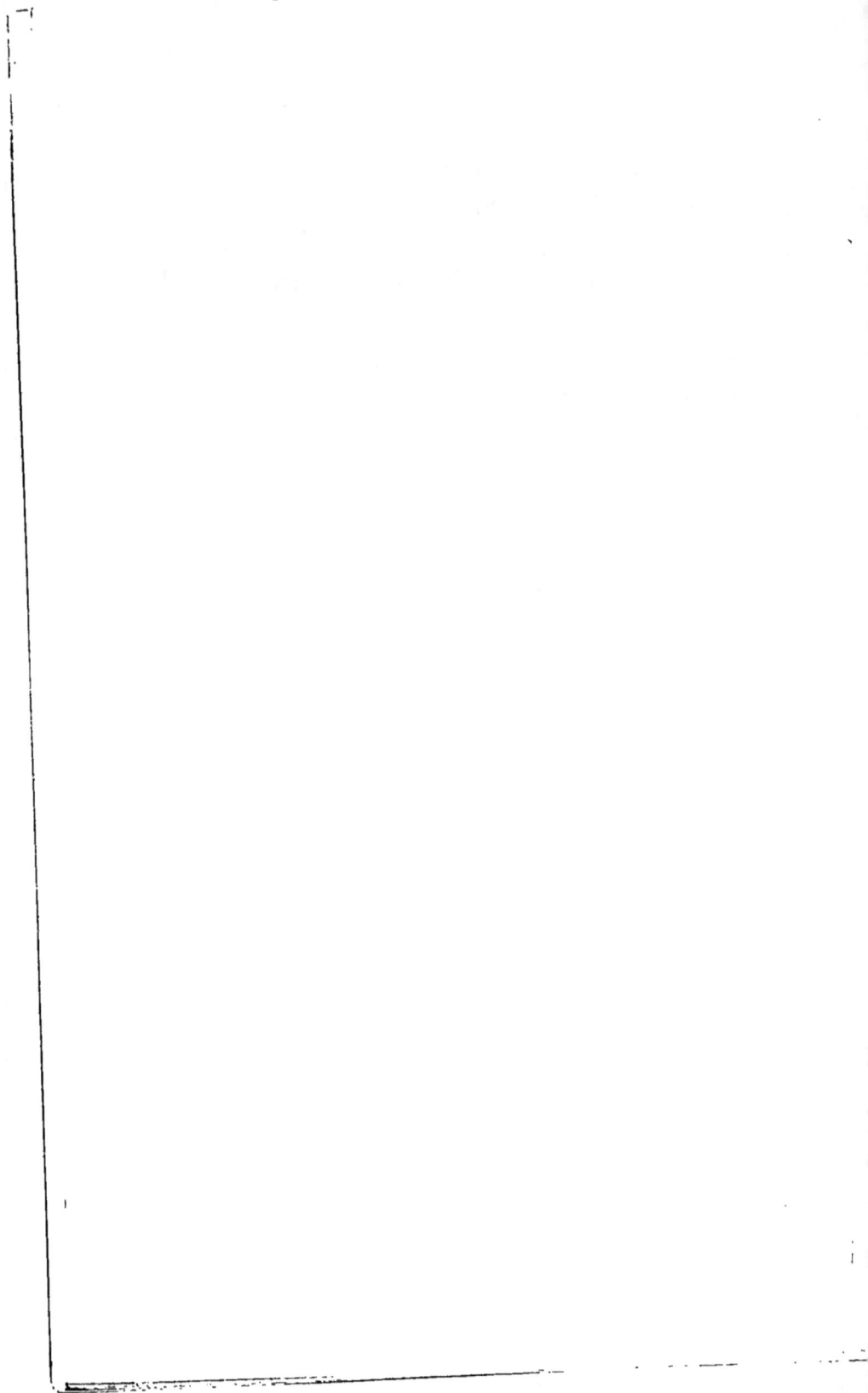

CHAPITRE V.

SA PRATIQUE CHRÉTIENNE

Sous ce titre, il s'agit de repasser à un autre point de vue le même temps que remplirent les évènements signalés au chapitre précédent : n'est-il point convenable de mettre en un jour plus distinct ce qui est, au-dessus de tout le reste, le portait désiré de M. Bertrand ?

Avec les facultés de son corps et de son esprit avaient également grandi, en notre Jules, les sublimes propriétés de l'âme. Ayant sans cesse devant la pensée la perspective d'une mort prématurée, n'aimant point le monde, vivant dans l'isolement volontaire,

religieux par héritage, M. Bertrand avait
donné libre essor à sa primitive piété. Elle ne
devait pas tarder à l'emporter sur les som-
mets de la perfection relative.

Le prêtre était devenu indispensable à cette
âme d'une angélique pureté : son inclination à
le rechercher, sous n'importe quel nom, et
quel caractère, ne fit que s'accentuer jusqu'à la
fin. Pour peu qu'on l'ait pratiqué, il était facile
de deviner ce que Jules fuyait chez les autres
hommes, comme ce qui l'attirait à l'ombre de
la soutane. L'idée, le soupçon d'un acte
déplacé, un simple mot malsonnant, faisait
se rembrunir, se rider son front d'ordinaire
si transparent, si uni et si beau, lorsqu'il
était au calme. Il est naturellement probable
que M. Bertrand ne descendit pas dans la
tombe sans avoir su un peu plus tôt, un peu
plus tard, le secret du berceau de l'homme ;
mais nul n'oserait dire qu'il en a eu de lui le
moindre témoignage. C'était un autre Ber-
nardin, dont le seul pressentiment eut com-
mandé la réserve et le respect au démon lui-
même.

S'il fut amené une ou deux fois à penser
mariage, comme d'une situation qu'il ne pouvait pas embrasser à moins de s'y déterminer
très jeune, les termes et la manière dont il en

parla montrèrent qu'il ne comprenait cet état de vie que comme l'association de deux cœurs s'unissant pour le bien, se proposant le but unique d'affronter avec plus de force toutes les difficultés de l'existence terrestre, comme font entr'eux un frère et une sœur dans la plus chaste et la plus réelle acception du mot. Et, bien qu'il ne soit pas permis de dire qu'il laissa jamais voir les signes caractérisés d'une vocation exclusive de toute autre, il lui arriva de proclamer hautement sa prédilection pour l'état religieux.

De fait, il ne vécut point, pendant ces trois ou quatre années où nous le considérons, comme un jeune homme du siècle ! Plusieurs fois, et dans les meilleures intentions, on tenta de le pousser dans la compagnie et les relations d'autres jeunes gens de son rang : il refusa de se donner, et ne se prêta qu'aux rencontres nécessaires et inévitables : « Leurs meilleurs entretiens sont terre à terre, disait-il, en ajoutant d'un ton enjoué : « *Nos majora canamus* ! »

Il voulait rester d'ailleurs d'une régularité scrupuleuse pour l'observance de tous les devoirs paroissiaux : jamais on ne le vit manquer non seulement une messe dominicale, mais les vêpres, ni un seul exercice du soir, dans les temps consacrés qui en comportaient à l'église. La cinquième stalle du haut, à droite en revenant du sanctuaire et de l'Evangile, aurait de bien édifiantes révélations à faire, si Dieu, l'animant, lui donnait une voix pour prêcher, à tous les enfants de Villeneuve qui viendront s'asseoir sur les bancs de l'école chrétienne, au milieu du chœur, l'imitation de leur pieux bienfaiteur.

Comme il paraissait déjà recueilli, lorsqu'il se rendait à l'appel des cloches, par toute la longueur de la grande rue, en suivant d'un pas léger, selon une habitude contractée du plus jeune âge, la bordure extrême des larges trottoirs, avec son gros paroissien à tranche dorée sous le bras gauche !

Nul n'aurait jamais songé à lui adresser la moindre parole d'étonnement, à plus forte raison de blâme pour cette confession ostensible de sa foi. Outre qu'on le savait de force à imposer le respect à tout adversaire, il avait inspiré de bonne heure, à tous ses concitoyens sans exception, une déférence vraiment prodigieuse.

On pouvait même discerner dans l'opinion un sentiment qui voulait dire que M. Bertrand n'aurait pas pu être ni faire autrement. Ces actes multipliés de religion semblaient, à tous, convenir à ses malheurs et à sa supériorité universelle incontestée. Bref, pour tout habitant de Villeneuve, M. Bertrand, même sur le chemin de l'église, avec sa belle taille moyenne, son maintien noble et assuré, sa tenue toujours irréprochable et soignée, ses épais favoris noirs, tout son extérieur particulièrement remarquable, apparaissait comme un magistrat !

Il n'entre pas dans ce chapitre d'ajouter que, du reste, nombre de braves gens venaient déjà le consulter comme le plus mûr des juges, sinon pour mieux établir encore que sa ferveur, bien connue, ne diminuait en rien son prestige civique.

On savait que M. Bertrand priait souvent dans la journée, qu'il allait s'agenouiller au tribunal de la pénitence tous les huit jours, qu'il communiait fréquemment, mais qu'ainsi, et parconséquent, il n'était point un jeune homme ordinaire !

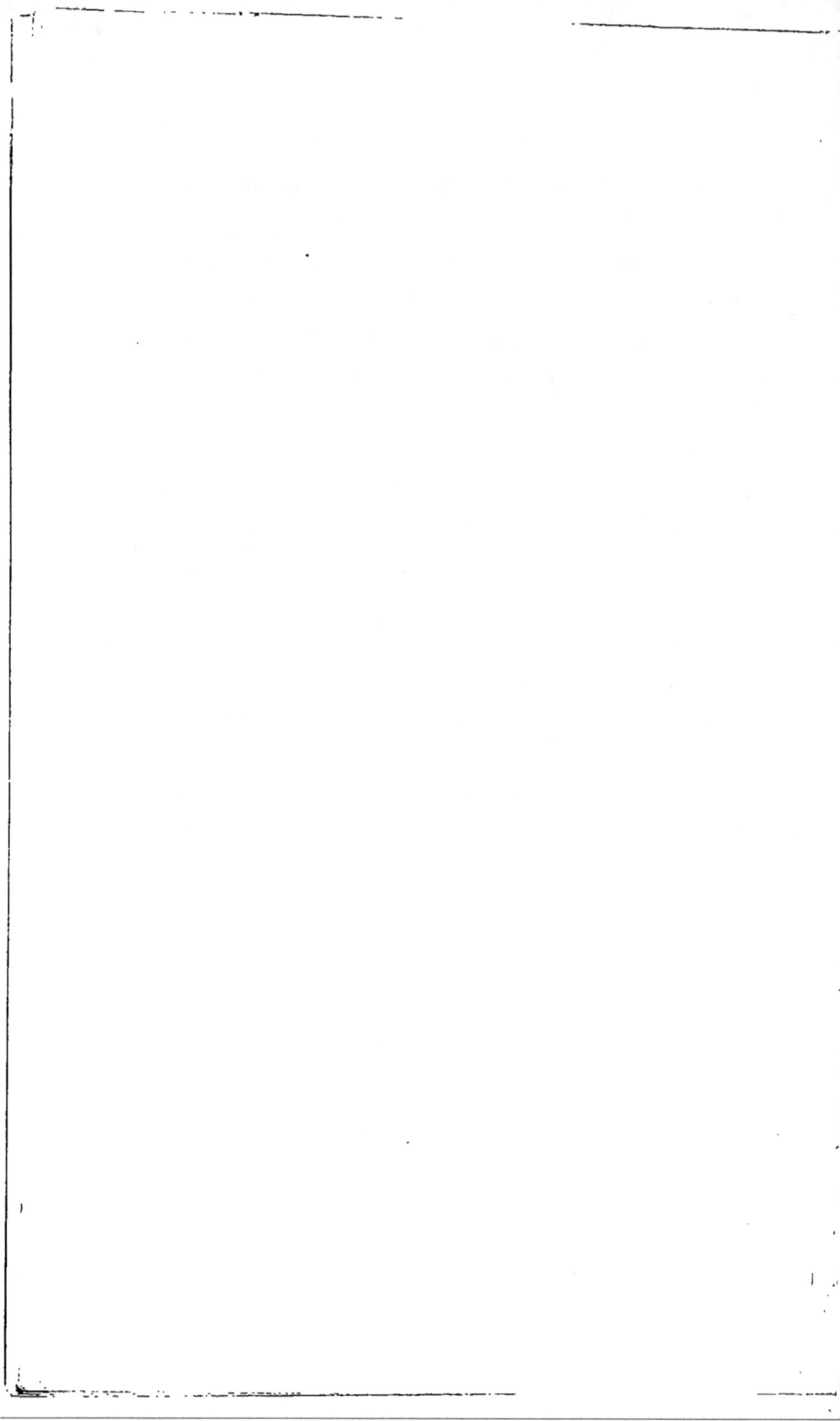

CHAPITRE VI.

PRÉLUDES DE SON ÉTERNITÉ

Au début de sa vingtième année, on ne saurait dire sous quelle inspiration, M. Bertrand, fait d'ailleurs pour toutes les harmonies, témoigna tout-à-coup du goût extérieur pour la musique. Le violon fut l'instrument choisi.

Il était visible que cette distraction avait été offerte et acceptée seulement pour faire diversion aux préoccupations d'une santé qui s'altérait de plus en plus.

Des spectres noirs apparaissaient souvent en même temps que les notes des cahiers d'études : Jules devait avoir à peine le temps de se préparer à jouer parfaitement du luth des élus dans l'ineffable sérénité de l'immortelle vie !

Bientôt, en effet, les symptômes précurseurs d'un dénouement fatal s'aggravèrent. M. Bertrand laissa deviner qu'il le sentait, à l'occasion de la maladie et de la mort du jeune Edmond Méry.

Par les premières dispositions d'enfance, son travail soutenu, le bon rang dans sa classe et sa piété croissante, cet élève de troisième du petit Séminaire d'Auxerre, promettait de faire un édifiant lévite, et sûrement un digne prêtre.

Sa religieuse mère dût renoncer à une consolation tant désirée. Mais s'il lui fut un adoucissement au milieu des longues journées qu'elle vit s'écouler sans espoir au chevet de son fils aîné, il lui fut apporté certainement par M. Jules Bertrand.

Il ne se passa point de semaines au commencement, pas de jour à la fin, où M. Jules ne courut encourager le malade au support de ses crises aiguës, et la pauvre mère, au cruel sacrifice qui l'attendait.

Jamais plus que dans cette circonstance, M. Bertrand déploya d'industrieuse bonté : il n'y avait rien d'assez fin dans sa cave, d'assez délicat à sa table pour le petit séminariste dont l'estomac ruiné refusait presque tout. Ces visites, ces soulagements discrets, Jules les prodigua jusqu'à ce qu'il fut contraint lui-même de garder sa demeure. Que de fois, émue de noble pitié, la pieuse garde-malade souhaita de le voir se ménager davantage lui-même, et comme il lui perçait le cœur par ses réponses fixes sur l'issue de sa propre et chancelante santé !

Peu de temps après cependant, il dut s'avouer vaincu et renoncer successivement, petit à petit, à toutes ses courses, à toutes ses allées et venues de civilité ou de charité. Il en arriva à ne plus quitter son jardin, sa cour, à s'enfermer dans son appartement et enfin à prendre le lit pour ne plus le quitter. L'agonie pour lui et pour tous ceux qui l'affectionnèrent, devait durer plus d'une année. Et notre Jules d'autrefois, n'était déjà plus que l'ombre de lui-même.

Alors, venait d'entrer au grand Séminaire celui que M. Bertrand honora d'une incomparable amitié : et une de ses plus apparentes joies avait été de le voir pour la première fois, revêtu de l'habit des clercs. Il s'était promis de l'aller voir souvent à Sens. Hélas ! il ne put réaliser ce désir qu'une fois, et dut se résigner bientôt à demander désormais d'être l'unique visité. Dans l'espace d'un mois, quels

changements rapides s'opéraient en lui ! S'il
recevait encore les consolations de la « plume
aimée », ainsi qu'il voulait bien le dire, lui ne
pouvait plus donner la joie de ses réponses
écrites. La main plus encore que la tête se
refusait à tout « griffonnage » comme il ajou-
tait encore en soupirant !

M. Bertrand continua, presque jusqu'aux
dernières heures, d'agréer les entrevues de
nombreuses connaissances qui se confondaient
avec les membres de son excellente famille,
dont la délicatesse alla souvent jusqu'à s'effa-
cer au profit des autres. Que de pas furent
faits, que de questions posées par des personnes de tous rangs sur le seuil de cette
chrétienne maison de la rue des Salles, où
l'ordre était formellement donné de toujours
bien accueillir, sans distinction des droits de
chacun.

Mais surtout ce que M. Bertrand ne négligea
point, ce sont ses exercices de piété, ses actes
de dévotion !

Condamné à rester le moins longtemps possible sans prendre quelque breuvage ou quelque potion, il ne pouvait pas recevoir son
Dieu sacramentellement autant qu'il le sou-
haitait.

Mais quelle joie profonde, resplendissante,
sur sa majestueuse figure, lorsqu'il en avait le

trop rare bonheur ! Ils peuvent le dire, ceux
qui ont eu l'avantage de l'assister constamm-
ment, plus que celui qui trace ces lignes après
dix années écoulées, pendant lesquelles la
plus cruelle blessure a pu heureusement se
se cicatriser au contact d'autres sincères et
solides amitiés !

Ce qu'il importe de publier ici en même temps,
c'est que M. Bertrand, dans l'indépendance
d'une volonté, qui formait le trait distinctif de
son caractére, souhaita toujours ardemment
d'atteindre sa majorité légale, afin d'avoir la
faculté de tester.

Il n'est pas à croire qu'il eût lieu de crain-
dre que sa famille, bien au-dessus de tout
besoin, de toute ambition de fortune, eût
manqué de déférer à aucun de ses suprêmes
désirs. Mais M. Bertrand devait rester, lui-
même, jusqu'au bout, communicatif qu'avec
qui il voulait, et seulement quand il le voulait ! Il s'empressa donc d'établir ses princi-
pales dispositions testamentaires dès l'aurore
de sa vingt-et-unième année.

Tous les détails positifs de ce chef ont été
donnés par la vénérable nonagénaire qui
n'abandonna pas un seul instant son cher
Jules vivant, et ne quitta que forcément, après
la consommation de ses douleurs, la chambre
vide du défunt ; ce fut, il est juste de l'ajouter,

pour aller recevoir jusqu'à sa propre mort, les soins les plus généreux et du plus filial dévouement.

Pour des raisons que Madame Briard ne put fournir, n'étant pas elle-même initiée au contenu de ce qu'il lui fut plusieurs fois confié, elle dût, par ordre de M. Bertrand, brûler à maintes reprises, des papiers qu'il lui avait avait dit antérieurement de conserver avec soin.

M. Bertrand détruisit et refit plusieurs fois son testament. Mais toujours, dans chacun d'eux, ne manqua jamais d'être formellement consignée, la clause établissant la fondation d'une Maison de Frères de la Doctrine chrétienne à Villeneuve-sur-Yonne.

Cependant, malgré les soins les plus persévérants et les plus intelligents, en dépit de toutes les précautions prises, il n'y avait plus de doute à conserver sur la prochaine issue de la maladie. Les crises phtysiques se multipliaient, et sous leurs impitoyables assauts les traits s'étaient profondément amaigris, la chevelure éclaircie, l'ensemble de la physionomie affreusement allongée ; tout le corps semblait déjà comme tristement affaissé.

M. Bertrand se voyait dépérir, et les visiteurs n'étaient plus que rarement admis. Il n'attendit point qu'on lui proposât les derniers secours de la religion : il fit demander les personnes qu'alors il jugea nécessaires à voir, et se prépara à tout quitter.

Dès lors, il ne parla presque plus ; outre que les forces commençaient à lui manquer, on voyait que c'était chez lui dispositions de libre volonté. Il eût désiré ne pas attrister son entourage, et acquérir l'insigne mérite de la plus conforme résignation. Tantôt il se contentait de lever un regard saisissant de ses beaux et grands yeux, où l'on pouvait lire l'âme la moins illusionnée, la plus forte au sein de l'épreuve présente, et la plus confiante au Rédempteur à venir ; tantôt il tenait entièrement fermées ses larges et jaunissantes paupières, semblant se préparer intérieurement, avec toute la componction d'un prédestiné, au sommeil froid mais passager du tombeau !

On était arrivé aux vacances de l'année 1874 ! M. l'abbé Chauvin, averti, conformément à un désir exprimé par lui, de la fin imminente de M. Bertrand, venait d'accourir pour recueillir et emporter au moins un au revoir de son ancien et plus célèbre disciple. Pour se rendre auprès du cher malade à toutes les heures qu'il le voudrait, le bon curé avait choisi une hospitalité toute de famille. Plusieurs jours se passèrent dans l'alternative du mieux et du pire avant le dénouement prévu.

Un matin Jules perdit tout-à-coup l'usage de la moindre articulation intelligible ; jamais, pourtant, il ne parut autant désirer parler et avoir à dire ! on ne pourrait en supposer sûrement la cause, encore moins communiquer quelque sentiment personnel. Jules fut pris d'une lamentable inquiétude impossible à décrire. S'épuisant en signes muets et impuissants, il s'adressait à sa vieille tante, et tour à tour à toutes les personnes présentes.

Le cher Moribond parut un moment désigner le placard qui se trouvait à gauche de la cheminée de sa chambre ; on s'empressa de l'ouvrir ; on crut qu'on était enfin sur la voie de satisfaire à ses désirs : on lui apporta tout un amas d'effets, de livres, de papiers divers ; il accueillit le tout avec le découragement de la plus vive déception.

Est-t-il besoin de dire les sanglots à peine contenus de tous les témoins consternés de cette mimique navrante ?

Jules saisit alors un morceau de papier blanc, espérant, sans doute, qu'il pourrait encore s'expliquer par l'écriture. On lui mit un crayon en main, mais ce fut en vain, que ses doigts, extrêmement défaillants, se perdirent en stériles efforts. Ils ne purent pointiller, par soubresauts que des signes absolument illisibles.

Jules comprit qu'il ne parviendrait pas à traduire sa suprême préoccupation. Levant les yeux vers le ciel, et les refermant aussitôt, il se résigna à se laisser retomber sur sa couche, remettant à Dieu seul, avec son irréprochable et belle âme, toute sollicitude.

Le recueillement complet rétablit vite, dans chacun de ses sens, la réalité de la paix un instant troublée par cette dernière émotion.

En nous retirant pour aller prendre le repos du milieu du jour, nous avions laissé M. Bertrand déposé, pour qu'on put refaire son lit habituel, sur un autre lit de sangles, dressé le long de son bureau, la tête faisant face à la cheminée, et dans l'attitude imposante du juste qui déjà se repose et jouit de ses victoires. C'est ainsi que nous le retrouvions quand nous revînmes à peine deux heures après; mais il n'y avait plus que le cadavre déjà refroidi de celui que nous avions aimé. Dans l'intervalle de notre absence, son âme tout entière venait de remonter au Juge des vivants et des morts, au souverain rémunérateur !

C'était le 27 août !

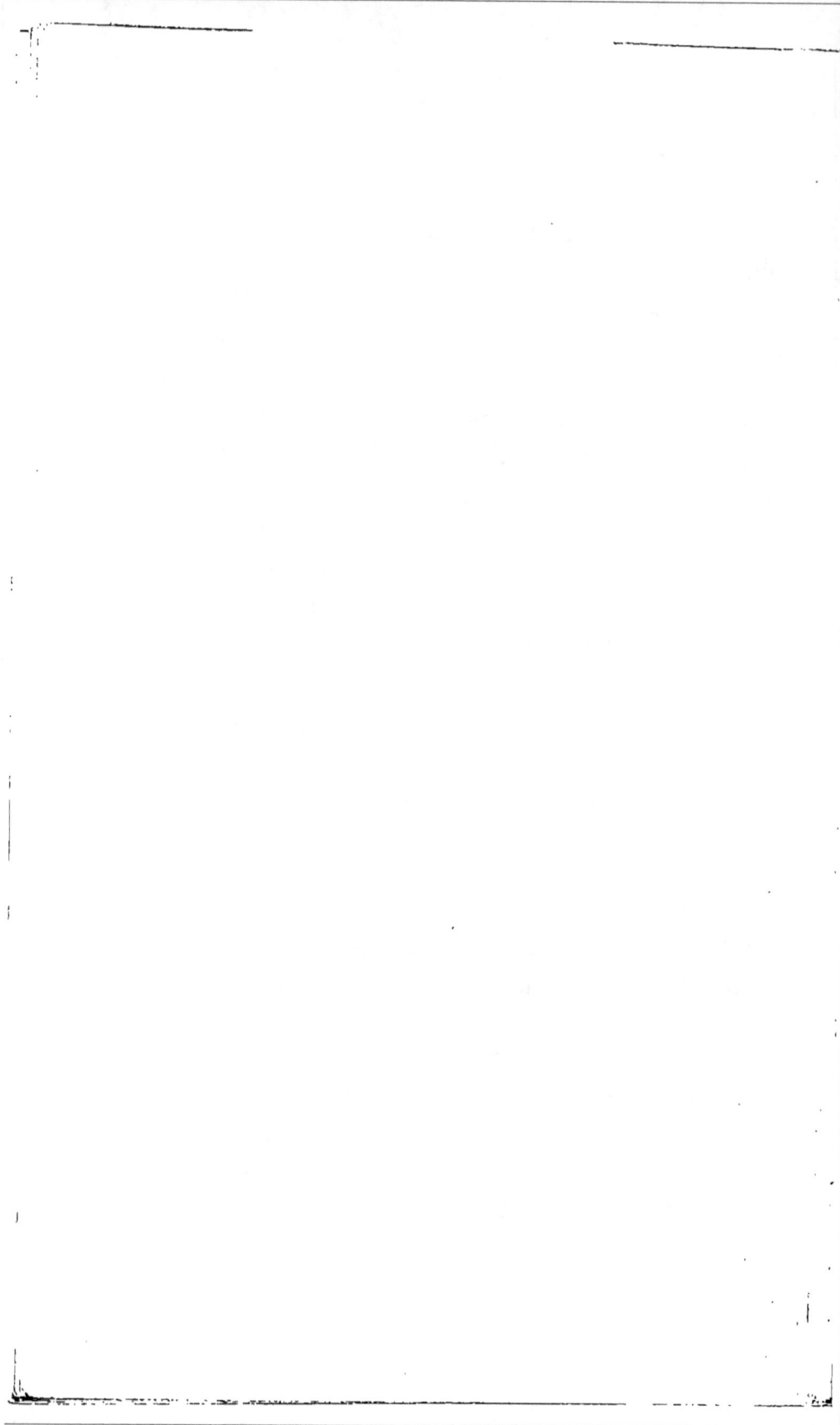

CONCLUSION

L'auteur de cette notice abrégée n'a point à finir par l'exposé de ce que furent les funérailles de M. Bertrand, en qui tous sentaient avoir fait une perte irréparable ; encore moins à rappeler toutes les suites de ce décès regretté.

Il est seulement utile de relater que chaque année, d'après un legs spécial, une prédication quotidienne pendant le mois privilégié consacré à la Bienheureuse Vierge Marie, reine et patronne de l'impérissable défunt, dira aux âmes fidèles de la paroisse Notre-Dame de Villeneuve, que la pensée dominante

de M. Bertrand le portait vers les seules né-
cessités éternelles ; de même que la fondation
de l'Ecole chrétienne affirmera le besoin de
l'éducation religieuse comme moyen indispensable de fonder une société durable.

Plus on vit en effet, plus l'on doit se con-
vaincre que le temps n'est qu'un pélerinage
court et mauvais, selon l'expression des Pa-
triarches, et que le tout de l'homme, ici-bas,
est de vivre de façon à bien mourir.

Puissions-nous donc, qui que nous soyions,
témoins oculaires ou auriculaires de la fruc-
tueuse existence du fondateur de l'Ecole des
Frères de Villeneuve, fixer, à son exemple,
nos yeux sur les saintes montagnes d'où seulement peut venir le salut, nous tenir toujours
prêts, et jouir du couronnement de toutes les
bonnes œuvres que nous aurons accomplies,
ou auxquelles nous aurons contribué, un jour
avec les saints de Dieu !

Chassy-sur-Tholon, le 1er novembre 1884.

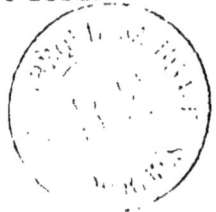

TABLE

Auxerre. — Imp. OCT. CHAMBON, rue de Paris, 127

70

www.ingramcontent.com/pod-product-compliance
Lightning Source LLC
LaVergne TN
LVHW022031080426
835513LV00009B/982